EL MICALET DE POR

bromera

EL MICALET DE POR

TÍTOLS PUBLICATS

1. *L'hivernacle del terror.* Jenny Nimmo / David Roberts
2. *L'herència maleïda.* Jan Mark / David Roberts
3. *Els espectres de la nit.* K. M. Peyton / David Wyatt
4. *Una mà freda en la boira.* Alan Monroe-Finch / Enric Climent
5. *Els fantasmes de Bloody Hill.* Tim Wilson / Escletxa
6. *Malsons.* Anne Fine / Jordi Peidró

Hi ha unes *Propostes didàctiques*, referides a aquest llibre, que es poden descarregar de manera gratuïta des de la pàgina web www.bromera.com.

La present edició ha sigut traduïda amb una ajuda de la Conselleria de Cultura, Educació i Esport de la Generalitat Valenciana.

Títol original: *The Bodigulpa*
Obra publicada per Macmillan Children's Books, London

Impressió: *Romanyà - Valls*

1a edició: *novembre, 2006*
2a edició: *gener, 2010*
ISBN: *978-84-9824-071-9*
DL: *B-2442-2010*

L'hivernacle del terror

Jenny Nimmo

Traducció: Josep Millo

Dibuixos: David Roberts

edicions
bromera

1

Què va passar a l'àvia Green?

El senyor i la senyora Lloyd eren del tipus de gent que anomenaríem casolana. Llegien el diari, veien la televisió, menjaven, cuinaven, escoltaven la seua música preferida i, a vegades, ajudaven Daniel, el seu fill, amb els deures d'escola. Mai no s'havien ocupat del jardí de la casa. És a dir, no hi tenien res plantat.

De tant en tant, la senyora Lloyd treia al jardí la germaneta menuda de Daniel, però sempre en el cotxet. La xiqueta es trobava en l'etapa d'anar de quatre grapes i la senyora Lloyd no volia que s'arrossegara pel fang o es posara caragols en la boca. Però Molly, que tan sols era un bebé, s'avorria de seguida i començava a cridar.

A Daniel no li feia massa gràcia Molly. Era, segons deia, una molèstia sorollosa i pudent. La vida per a ell havia estat molt més fàcil abans que la xiqueta arribara a apoderar-se de la casa.

Com que Molly no podia ocupar-lo, el jardí acabà convertint-se en el refugi de Daniel. Allí podia entrenar les seues habilitats futbolístiques, construir cabanes de branques amb Matt Pirelli, el seu amic i veí, així com enfilar-se per les branques d'un roure. Però, encara millor que tot allò era l'hivernacle abandonat que ell i Matt havien convertit en la nau espacial *Danmatt 1.* Allí passaren tot el cap de setmana netejant els vidres fins a deixar-los lluents com diamants.

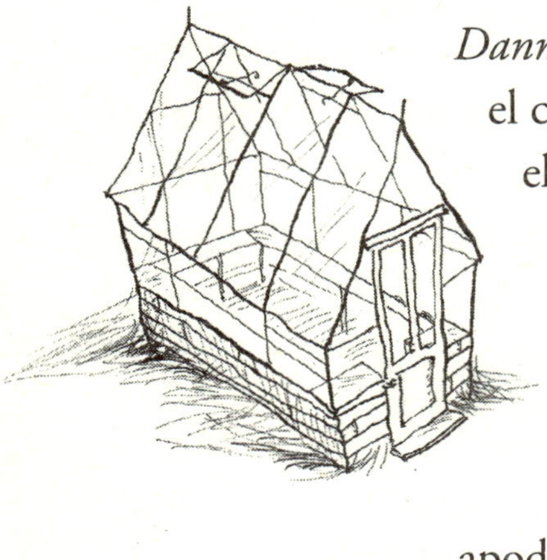

I aleshores va ser quan l'avi Green va arribar i l'hivernacle s'acabà. L'avi se'n va apoderar.

L'avi Green era el pare de la senyora Lloyd. Quan l'àvia Green va morir, la senyora Lloyd va decidir que l'avi hauria de viure amb ella i, és clar, amb el seu espòs –el senyor Lloyd–, Daniel i Molly.

–El pobret de mon pare possiblement no podria viure tot sol –va dir–. No sap ni fer-se un ou.

Daniel es recelava alguna cosa. Si ell era capaç de ferse un ou, per què no podia fer-ho un home de setanta anys? Havia tingut seixanta anys extra per a aprendre-hi.

A la senyora Lloyd no semblava importar-li massa que son pare fóra, per dir-ho amb paraules suaus, bastant brut. Era un home alt i prim de braços llargs i mans flàccides i tremoloses. Sempre duia les ungles brutes de fang o d'alguna substància verdosa, i el nas no parava de gotejarli. Els pocs cabells que li quedaven s'arrissaven en la part de darrere del coll formant llargues grenyes caragolades de color gris.

Daniel havia estimat molt la seua àvia, una velleta amable i atenta. Sempre que Daniel anava a veure-la, li aconsellava: «Abriga't, Daniel.

No voldríem que agafares un constipat, saps? Abriga't».

La qual cosa era molt més del que cap altre li deia, després de l'arribada de Molly.

Per això Daniel pensava que tenia tot el dret a saber què havia passat exactament a la seua àvia. L'última vegada que l'havia vista, tenia un aspecte magnífic. Fins i tot ella l'havia perseguit al voltant de la casa mentre jugaven.

Va ser quan es trobaven berenant en família que Daniel va traure el tema. Era el primer dia de l'avi a casa i estava adaptant-s'hi bastant bé. Tenia una gana magnífica.

La senyora Lloyd estava servint el te, quan Daniel preguntà:

–Què és el que li va passar a l'àvia exactament? Vull dir, per què va morir?

Es va fer un silenci absolut. S'hauria pogut sentir el soroll d'una agulla caient sobre el sòl, si la senyora Lloyd no s'haguera oblidat d'alçar la tetera i no haguera inundat els platerets.

–He dit alguna inconveniència?

Ningú no va contestar. La senyora Lloyd mirava son pare amb ansietat, mentre el senyor Lloyd fixava la mirada en el seu plat de sardines.

Un xiulet estrany se sentia escapar entre les dents obscures de l'avi. Aquest es tragué de la boca un bri d'api, el deixà en el plat i es va sonar amb un mocador untós.

El senyor Lloyd es va apiadar del seu fill. Per això, acostant-se a Daniel, li mormolà:

–La teua àvia va desaparéixer.

Daniel es va quedar bocabadat. Mai no havia sentit parlar d'algú que haguera desaparegut. I, aleshores, començà a preocupar-se. I si no estava morta? I si l'havien segrestada o l'havien abduïda els extraterrestres? Era evident que calia preguntar-ho.

–Doncs bé, com sabeu que està morta? –va preguntar mirant el seu avi.

L'avi rosegà una corfa de pa i mirà més enllà de Daniel amb els ulls vidriosos.

–És clar que va morir –intervingué la senyora Lloyd que, al cap i a la fi, era la seua filla–. D'altra manera, no hi hauria hagut un funeral, no?

Daniel no sabia que hi haguera hagut cap funeral. Es preguntà quan s'havia fet. Probablement, mentre ell era a l'escola. I es va sentir enganyat.

–Però..., si l'àvia desaparegué, això vol dir que no hi havia cap cos. Per tant, com sabeu que està...

–Ja n'hi ha prou! –digué la senyora Lloyd.

Però una vegada més, el senyor Lloyd es va apiadar de Daniel.

–Trobaren una nota –li va dir a cau d'orella–, i la seua roba en un muntonet a la vora d'un penya-segat. La policia ens va dir que perdérem tota esperança.

–I què hi havia al fons del penya-segat? –va preguntar Daniel a son pare.

–La profunditat de la mar –va ser la resposta, també entre murmuris.

I això va ser tot.

–Què posava la nota?

El senyor Lloyd es disposava a contar-ho a Daniel quan la seua esposa digué:

–És de mala educació murmurejar. Particularment, quan hi ha una persona afligida asseguda davant de vosaltres.

–Perdó –digueren alhora el senyor Lloyd i Daniel mentre miraven l'avi.

Aquest es va empassar les creïlles que tenia a la boca amb un glop de te, eructà i es posà dret.

–Me'n vaig al jardí –va dir dirigint-se cap a l'eixida, mentre es torcava les seues mans apegaloses en la part posterior dels pantalons militars. No semblava que parlar de l'àvia l'haguera afectat el més mínim.

Quan se n'hagué anat, el senyor Lloyd tancà un ullet a Daniel i digué:

–Adéu.

Daniel estava confós. Ni ell ni el seu pare s'havien acabat el berenar.

–Això és exactament el que posava la nota de l'àvia: «Adéu» –li va aclarir el senyor Lloyd a cau d'orella.

Sobtadament, la senyora Lloyd alçà el cap. Havia estat intentant netejar una cosa fastigosa del fons del plat del seu pare. Xiclet, pel que semblava.

–No comentes res més sobre mon pare i ma mare –digué–. Mon pare no t'ha agradat mai, així que, si no tens res bo a dir, el millor serà que calles. Ja tenim prou amb la tragèdia familiar sense que hi haja gent furgant-hi.

Realment, era una desgràcia. Però, en opinió de Daniel, també era un misteri. Per què hauria de despullar-se i precipitar-se al mar una dona sana i, fins on ell podria assegurar, feliç? No tenia cap sentit. Daniel decidí arribar al fons de la qüestió.

Ignorant la cara de desaprovació de son pare, Daniel va insistir.

–Només hi ha una cosa que m'agradaria saber...

La senyora Lloyd llançà a Daniel una mirada fulminant, com una lleona a punt de rugir. Afortunadament, en aquell moment, Molly es va despertar i féu un crit esgarrifós a l'habitació de dalt, el mateix que feia sempre que es despertava. Daniel havia arribat a la conclusió que tot allò eren malsons causats per la ingestió de tanta cosa repugnant que agafava del terra.

La senyora Lloyd va eixir corrent.

–Daniel –li va demanar el senyor Lloyd–, jo deixaria tranquil el tema de l'àvia, almenys de moment. La mare està molt afectada per la seua causa. I no voldríem portar-la al límit, veritat?

–Algú va portar l'àvia al límit... –murmurà Daniel

Aleshores, se n'anà corrent al jardí per a posar-se a pensar en la tranquillitat de l'hivernacle buit.

Però allà l'esperava una sorpresa. Allò ja no era un hivernacle buit. Estava atapeït de plantes. Plantes disposades en files llargues amb cossiols de terracota. Els prestatges a penes es podien entreveure pel fullatge: plantes llargues, corredores i frondoses; tiges enfila-

disses, viscoses i arrissades; coses arredonides i punxoses; falagueres grosses i multicolors, i allà al fons, una gegantesca i frondosa planta que ja se n'eixia per la teulada de vidre. La nau espacial *Danmatt 1* havia estat envaïda pels aliens.

–Qu...!!! –Daniel es va quedar amb la boca oberta, però no pogué pronunciar cap paraula. Tal va ser l'impacte.

–Què estàs fent en el meu hivernacle? –preguntà una veu ronca darrere d'ell.

Daniel quasi va saltar fora de si, tal va ser l'esglai.

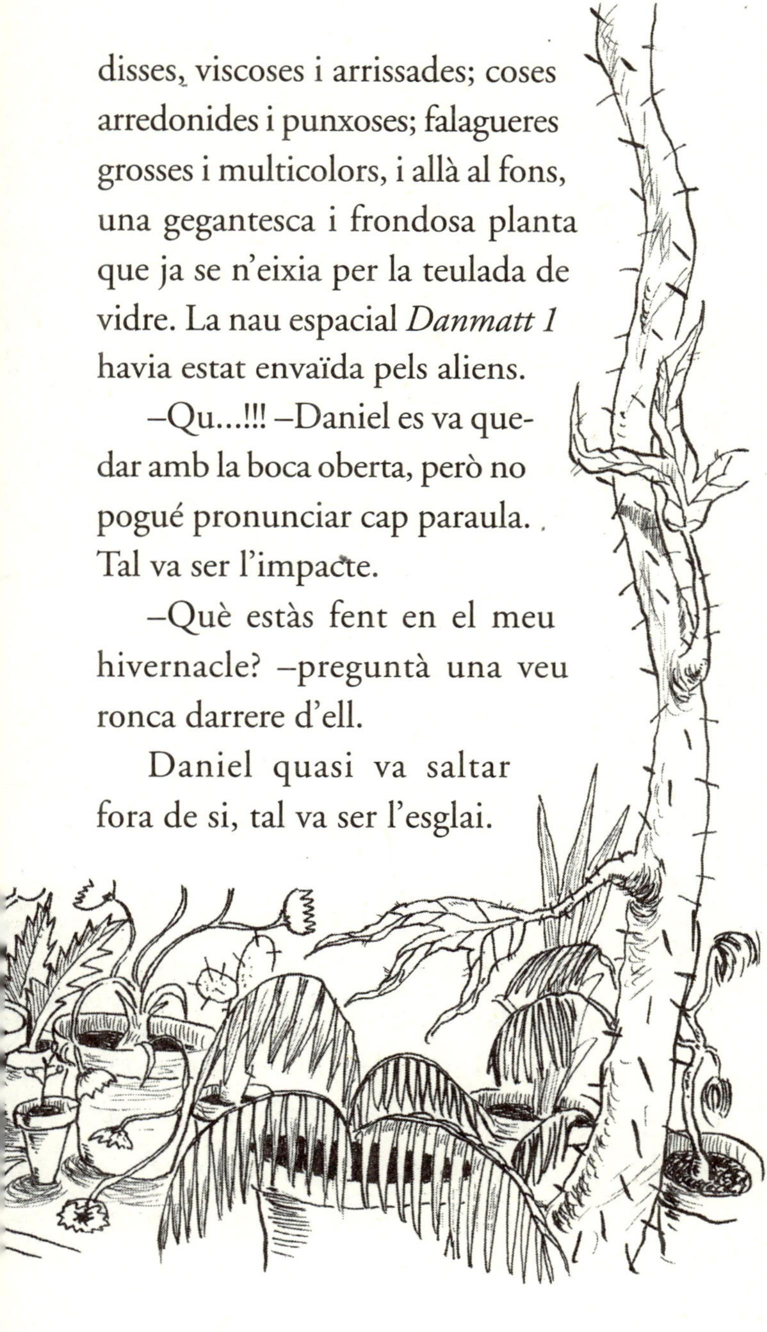

Va mirar per damunt del muscle i els seus ulls anaren a trobar-se amb uns ulls entre verdosos i grocs.

–Avi... –va dir Daniel tremolant.

–Bé, tu, gripau minúscul, què fas ací dins? –preguntà el seu avi.

–Aquest lloc és meu –afirmà Daniel–. És la *Starship Danmatt 1*.

–No, ara ja no –digué el seu avi.

–Però..., però... –el cap de Dani començà a funcionar ràpidament. Demà, Matt vindria carregat d'equipament per a la propera missió. L'havien estat preparant durant tota la setmana.

–Desapareix! –la cara tacada de l'avi planava amenaçadorament més i més a prop.

Daniel decidí que el més prudent seria una retirada estratègica. Pujà a la seua habitació i va passar la vesprada mirant el jardí des de la finestra. El seu avi estava molt ocupat, preparant centenars de cossiols fora de l'hivernacle. Primer, els va omplir de terra. Tot seguit, començà a tirar un líquid marró per damunt i, finalment, va plantar tiges xicotetes en cada un dels cossiols. Semblava com si els parlara entre dents.

Daniel esperava que l'avi entrara a la casa per a poder eixir a prendre l'aire. Però no hi va entrar, ni tan sols a per un te. L'home va continuar plantant en els cossiols i parlant-los.

–Què està fent l'avi allà fora? –preguntà a la seua mare.

–L'avi ens farà un autèntic jardí –contestà la senyora Lloyd–. No és meravellós? Tindrem verdures, flors i un tros de gespa magnífic.

Doncs no, no era meravellós. No, perquè allò havia posat fi a la *Starship Danmatt 1*. I no, perquè tots els seus amagatalls més secrets del jardí havien estat envaïts per un vell autoritari.

A Daniel no li agradava dir tot açò ni portar al límit la seua afligida mare, així que tan sols es limità a fer un *hummm* de desaprovació.

Aquella nit, alguna cosa va despertar Daniel. Potser havien sigut els gats barallant-se a fora, o tal vegada una rabosa havia entrat al jardí. Si era un malson el que havia tingut, no en recordava res. Es va incorporar i es disposà a mirar per la finestra.

Al fons del jardí, va poder observar uns llums que parpellejaven entre el fullam de les plantes de l'hivernacle. Les seues ombres planejaven i es projectaven per la gespa del jardí. Una de les ombres tenia el cap i els muscles d'un ésser humà. Daniel va ofegar un crit. Devia ser l'ombra de l'avi. Però, què feia allà fora, enmig de la nit? Dormiria amb les seues plantes?

2
La desaparició de Stanley

–Què és això? –preguntà Daniel.

L'avi entrà per la porta oberta de darrere, carregat amb un sac marró ple de bonys. Eren exactament les sis i mitja del matí. Daniel s'havia aixecat especialment prompte per a desdejunar-se, colar-se en el jardí i investigar abans que el seu avi es despertara.

–És per a les meues xiquetes –contestà l'avi a Daniel, amb un somriure desagradable. L'olor del sac era insuportable: com d'animals morts o vòmits.

Daniel s'adonà que se li n'havien anat les ganes de cereals. No podria engolir-se'n una altra cullerada. De sobte, li semblà que una de les protuberàncies del sac s'havia mogut.

–Quines xiquetes? –tornà Daniel.

–Les meues plantes, gripau. És aliment per a plantes.

–Per què segueixes dient-me gripau?

–Perquè sembles un gripau.

L'avi va fer una rialla sonora, carregà el sac i es va dirigir cap a l'hivernacle.

Daniel es trobava enfadat i derrotat alhora. Amb un bebé desordenant-ho tot per dins i un home vell fent l'indi per fora, aquella ja no semblava la seua casa. Li havien furtat tots els seus racons tranquils.

Quan Matt va arribar, Daniel estava fet una fúria. I la fúria el va envalentir, especialment ara que Matt era allí. Ells ensenyarien a aquell home vell i antipàtic de què estaven fets els xics.

Desafortunadament, Matt no se sentia tan valent. La gent major l'esglaiava. Es va sentir defraudat quan va sentir que se'ls havia arrabassat la nau espacial, però no es trobava amb ànims per a enfrontar-se a un vell que feia posar els pèls de punta.

–Els vells d'avui en dia, estan en plena forma –Matt advertí a Daniel–. La mare diu que això es deu a les vitamines que prenen, i a més a més, fan flexions, fúting i tota classe d'exercicis per a posar-se ben forts. Per cert, no deu ser violent, veritat?

–No ho sé –hagué d'admetre Daniel–. Només ha estat ací un dia. Però no és rival per a nosaltres.

Daniel va recollir la caixa d'objectes que Matt hi havia portat. Hi havia cascos de ciclista, una roda, un pot de pintura de plata, un llençol, cables de telèfon, pots i llaunes buides, una peixera, una pantalla de llum de peu i, el millor de tot, una granota de treball grisa i vella.

Matt s'havia quedat palplantat en la porta de la cuina i observava Daniel camejant pel jardí.

–Anem, Matt! –va cridar Daniel.

Matt no semblava massa segur d'ell mateix i Daniel es temia que el seu amic no seria de massa ajuda en la imminent batalla amb l'avi.

Però..., on estava el seu avi? El vell no se'l veia enlloc. Matt començà a creuar el jardí com si fóra un camp de mines, i va continuar guaitant entre arbustos i escorcollant el terra.

–Que no és un talp! –cridà Daniel.

–Qui no és un talp? –digué l'avi saltant fora de l'hivernacle.

I de seguida es va girar i va fer una cosa menyspreable: tancà la porta de l'hivernacle amb clau.

–No pots fer això! –cridà Daniel.

–Doncs ho acabe de fer –cridà l'avi amb una rialla burleta.

Daniel va deixar la capsa i observà atentament el nou cadenat que havia enganxat a la porta.

–Però, si anàvem a entrar hui mateix! Precisament, el meu amic ha portat un carro de material.

L'avi mirà dins de la capsa i mogué negativament el cap.

–Ei, tu... Vine cap ací! –cridà assenyalant amb el dit un Matt completament esglaiat.

Matt s'hi va acostar.

–Què és açò? –va preguntar l'avi assenyalant la caixa.

–És..., és..., ehem... –Matt es va aclarir la gola, que semblava haver-se obstruït amb alguna cosa.– Utillatge per a la nostra nau espacial.

–Oh, no! De cap manera! –digué el vell, colpejant amb els dits el pit de Matt–. Ja pots dir a

la teua mare que no ens endossarà tots aquests trastos. Moltes gràcies.

–No són trastos –digué Daniel, furiós.

L'avi el va ignorar per complet i tornà a colpejar el pit de Matt:

–Ara mateix reculls tot aquest fem infecte i t'arrossegues fins al teu antre miserable de bavosa –li va ordenar.

I aleshores, davant l'astorament de Daniel, començà a proferir juraments.

Matt es va quedar amb la boca oberta. Mai en la seua vida no havia conegut un vell tan bàrbar. L'avi li havia confirmat els pitjors recels sobre la gent gran. Unes llàgrimes de ràbia li brollaren als ulls, però va recollir la capsa i, per uns instants, es va mantenir ferm.

–Me n'aniré –digué–, però no pense tornar mai més...

–Matt... –va suplicar Daniel.

–Però mai, mai de la vida!

Matt es girà i va creuar el jardí, tan veloç com podria esperar-se d'un xiquet carregat amb una capsa pesada.

–Matt... –Daniel corregué darrere del seu amic.

–No t'acostes a mi! –digué Matt.

Havia arribat a la tanca i, quan estigué segur a l'altra banda, va cridar a Daniel:

–El teu avi és un porc tòxic. Per què no m'ho havies dit?

Daniel veié com el seu amic corria espantat cap a casa, i ell se'n tornà furiós cap al seu avi.

–Com has pogut ser tan miserable? –li va reprotxar–. M'has furtat l'amagatall i ara m'has espantat el millor amic.

I, de sobte, començaren a precipitar-se per la seua boca paraules que ni tan sols sospitava conéixer.

–I no em crec que la meua àvia es llevara la roba i es tirara a la mar! Pense que li vas fer alguna cosa.

Durant una fracció de segon, una mirada de pànic creuà la cara de l'avi. Va ser només un moment, però Daniel s'adonà que havia fet diana.

–Ooo!!! –digué l'avi, amb una por fingida–. Creus que el seu fantasma vindrà a turmentar-me?

Daniel marxà cap a la casa. L'esperaven males notícies. Els seus pares anaven a passar el dia fora i l'avi havia d'estar al seu càrrec.

–No podeu deixar Molly amb l'avi! –Daniel estava horroritzat–. Vull dir, que no és la persona adequada per a un bebé.

–No sigues ximple –digué la seua mare–. A l'avi li encanten els bebés.

Com es demostraria de seguida, l'avi ni tan sols suportava els bebés i prompte ho va deixar ben clar. Perquè, quan va sentir que havia de fer de cangur durant tot un dia, se li va posar la cara roja i cridà:

–Jo? D'això res! Jo no pense tenir compte d'això.

–Vinga, pare! Per què no? –suplicava la senyora Lloyd.

–No m'agrada la seua forma de cridar. No m'agrada la manera com gateja pels teus peus. I, el pitjor de tot, no m'agrada com aquella *cosa* es posa en la boca tot el que troba. Absolutament tot.

–Ella no és una cosa, és Molly –digué la senyora Lloyd, amb llàgrimes en el ulls. Havia esperat amb tanta il·lusió aquell dia lliure!

–Jo tindré compte d'ella! –es va oferir Daniel, temorós que sa mare poguera arribar al límit.

–Tu no pots –gemegà la senyora Lloyd–. Ets massa menut.

El senyor Lloyd tingué una idea brillant.

–I Lorna? Ella farà qualsevol cosa per diners.

–La teua germana? –La senyora Lloyd semblava dubtar–. És molt irreflexiva. I té un gosset tan desagradable...

–Un gos? –cridà l'avi–. No vull veure un gos en el meu jardí. I això és definitiu.

–Mira, pare. O et fas càrrec de Molly, o haurem de cridar Lorna –finalment, la senyora Lloyd estava començant a perdre la paciència amb son pare.

L'avi va fer un gruny grosser i se n'anà iradament.

Abans d'una hora, Lorna i Stanley ja eren a la porta. Stanley era un gosset blanc de pèl suau. Duia un collar roig viu adornat amb pedretes lluents.

–Hola, amor meu! –exclamà Lorna quan Daniel va obrir la porta a la seua tia preferida–. La tieta Lorna ve a fer de cangur. No em diràs que no ets afortunat!

Lorna es va fer camí trontollant damunt unes sandàlies de tacó alt que feien joc amb el collar de Stanley. Vestida amb una falda roja i estreta, i amb un jersei negre i ajustat, amb llustrins en el seu pèl ros i amb les parpelles platejades, Daniel va pensar que la seua tia era la cosa més pareguda a una estrella del pop que mai no havia conegut. Esperava que Molly no li vomitara al damunt.

Va resultar que Lorna era molt bona amb els bebés. Poc de temps després ja estava llançant

Molly a l'aire i agafant-la, cantant-li cançons de bressol i jugant amb uns cubs.

L'avi s'havia esfumat. Daniel va suposar que estava emmurriat a l'hivernacle.

Quan Lorna li va llevar la corretja a Stanley i va deixar que correguera solt pel jardí, Daniel es va preocupar.

–A l'avi no li agraden els gossos –va avisar a Lorna–. Podria fer-li algun mal a Stanley.

–Si vol, que prove –digué Lorna–. Vinga, amor meu, anem a fer bescuits de xocolate.

Passaren una mitja hora en la cuina menjant xocolate, mantega i nous abans de posar-los a coure. Era una dia càlid i assolellat, així que deixaren oberta la porta de darrere. Acabaven de posar els bescuits en el forn quan Stanley entrà en la cuina a tota pastilla i saltà als braços de Lorna tremolant i grinyolant. L'avi va aparéixer de sobte darrere d'ell.

–Aqueix tros de fem, el gos de l'infern, acaba de pixar la porta del meu hivernacle –va cridar iradament–. Mataré aqueix poll.

–Com t'atreveixes! –digué Lorna desafiadora–. Stanley és el meu tresor. I mira't tu mateix! Fas fàstic. No cregues que tindràs un bescuit de xocolate amb aqueix aspecte.

–Deteste els bescuits de xocolate! –soltà l'avi–. Els deteste quasi tant com als gossos.

L'avi mirava directament Stanley mentre pronunciava aquestes paraules. Hi havia una lluïssor mortal en els seus ulls quan se n'anà estrepitosament per la porta.

Daniel hauria d'haver pres nota d'aquell fulgor. Però quan se'n va adonar, ja era tard. Massa tard.

Mai no va estar del tot segur de com Stanley se'n va tornar a eixir. Ell creia que havia tancat la porta de darrere, però potser no ho havia fet. Tal vegada, algú l'havia oberta, silenciosament. Tot el que sabia era que, de sobte, Stanley ja no hi era.

Lorna va cridar Stanley pel seu nom per tota la casa. Però no hi hagué cap lladruc en resposta. Només la veu de Molly, cantant:

–Stan-leeeeeey! Stan-leeeeeey!

Lorna i Daniel eixiren al jardí i cridaren una altra vegada:

–Stanley! Stanley!

–Però..., si sempre ve quan el cride.

Els ulls de Lorna començaren a posar-se rojos. Una goteta amb rímel li relliscava lentament per la galta.

Daniel lamentava veure l'animosa Lorna amb aquell aspecte tan desesperat. Sentia que era per culpa seua.

I aleshores, s'adonà que la porta de l'hivernacle estava oberta. Va creuar ràpidament el jardí amb el cor bategant al màxim.

No hi havia rastre de Stanley en l'hivernacle. Almenys, res que Daniel poguera advertir. Les plantes de l'avi havien crescut increïblement en només un dia. La frondositat de les branques serpentejava pels vidres, tapant la llum. Fins i tot el sostre estava cobert amb unes tiges verdes i nugoses.

Amb els ulls mig clucs, Daniel va mirar en les ombres.

–Stanley? –murmurà.

Semblava com si l'alçada de les plantes impedira parlar amb normalitat. En la llòbrega penombra, semblaven més aviat monstres encorbats que no plantes normals. Daniel tenia la desagradable sensació que estaven observant-lo.

No desitjava seguir avançant cap a dins de l'hivernacle, però sentia que havia de fer-ho, encara que fóra per Lorna. Quan es va posar en marxa, es va sentir envoltat per un brunziment semblant a un xiuxiueig. Les plantes continuaven remorejant i va ser imaginació seua o una veu baixeta digué:

–Tapa't, Dani!

Al fons de l'hivernacle va veure la planta més gran de totes. Feia una olor tan desagradable que Daniel hagué de tapar-se el nas. Podia veure l'es-

purneig d'un líquid vessant-se per la tija: una bava verda i espessa. Daniel va sentir ganes de vomitar. Es va doblegar i li van venir unes arcades. Era pitjor que un virus gripal.

I, aleshores, va veure el collar roig de Stanley. Estava tirat als seus peus, partit en dos per unes dents afiladíssimes. Tenia esquitxos de bava verdosa adherits a les tatxetes brillants.

Daniel agafà el collar i corregué cap a la porta, però no pogué obrir. No importava com la va empényer i la va colpejar; la porta estava fermament tancada.

–Auxili! Auxili! Auxili! –cridava Daniel.

A les plantes no els va agradar allò. No els va agradar en absolut. El cor de murmurejos anava intensificant-se fins a convertir-se en un mar de sorolls brunzents i tempestuosos.

–Auxili! –ploricava Daniel, mentre queia sobre els seus genolls.

3
El consell de Matt

–Amor meu!

Daniel parpellejà. Lorna estava mirant-lo fixament des de la porta oberta de l'hivernacle.

–Estàs bé, amor meu?

–M'havia quedat tancat ací dins –protestà Daniel.

–Ah, sí? –Lorna el va ajudar a posar-se dret.

–Sí, pense que l'avi deu haver tancat la porta amb clau.

–No estava tancada quan he arribat –s'estranyà Lorna–. Estàs molt pàl·lid, amor meu.

–Em trobava malament– digué Daniel–. Estic segur que he deixat la porta oberta, però estava tancada quan hi he tornat –va mostrar el collar de Stanley–. Però, mira, he trobat el collar de Stanley.

Lorna es posà la mà a la boca.

–Oh, pobret Stanley! Està tot rosegat!

–Com si ho haguera fet un monstre.

–Oh, Daniel, no! Què ha pogut ser?

–Qui ho sap! –Daniel no s'atreví a contar a Lorna res sobre la planta viscosa–. Allà dins està molt fosc –va dir mentre assenyalava l'obscuritat que hi havia al seu darrere–. Pot ser s'hi ha colat un rottweiler o un dòberman. Ja saps, el tipus de gossos ferotges que es mengen els altres gossos.

–Què!? –Lorna el mirà atònita–. Un gos no es menjaria mai un altre gos, veritat? –ella semblava dubtar-ho–. Vaig a fer una ullada.

–Jo de tu no hi entraria –la va avisar Daniel.

Però era tard. Lorna ja estava dins.

–Aquest lloc fa molta pudor –digué–. Augh! –un test va caure al terra i tot seguit en caigué un altre.

–Tia Lorna, per favor, ix-te'n –va pregar

Daniel–. A l'avi no li agrada que la gent entre en l'hivernacle.

Però, on estava l'avi? Devia estar amagat en els matolls o espiant-los des de la seua habitació? I, per què no havia tancat amb clau?

Lorna va eixir entropessant, sostenint un test trencat.

–He bolcat alguna cosa –digué–. No podia veure res allà dins. És horrible. Fantasmagòric i pudent. Avisaré la policia.

–Per l'hivernacle?

–No hi ha lleis contra les males olors dels hivernacles –digué Lorna–. No. Els parlaré de Stanley. Per si de cas... –semblava estar plorosa, una altra vegada– ...s'han trobat un cosset menut.

Hi hagué un bram sobtat procedent de la tanca i aparegué l'avi trontollant, carregat amb un altre sac ple d'alguna cosa.

–Aparteu-vos de les meues plantes! –va cridar.

–No t'enfiles! –li cridà Lorna–. Jo només estic buscant el meu pobre gosset. L'has vist?

–No.

L'avi es va bambolejar cap a ells i deixà el sac al costat de l'hivernacle.

–Què és això? –va dir mirant furiós el tros de test de la mà de Lorna.

–Crec que he bolcat alguna cosa.

–Que tu què!? –cridà l'avi mentre desapareixia dins de l'hivernacle.

–Aniré a veure el meu amic d'ací al costat –digué Daniel a Lorna–. Stanley pot haver travessat la bardissa.

–Gràcies, amor meu. –Lorna s'assecà una llàgrima–. Ets un bon xic.

Molly començà a bramar i Lorna s'apressà a entrar en casa, mentre Daniel se'n va anar a veure Matt.

–Matt està bastant enfadat –digué la senyora Pirelli quan va veure Daniel a la porta de la casa.

–Ja ho sé –digué Daniel–. Puc entrar i parlar amb ell?

La senyora Pirelli va arronsar els muscles.

–Encantada que ho intentes. No sé què li passa. Se n'ha pujat corrent aquest matí, rondinant alguna cosa sobre la gent gran i des d'aleshores encara no ha baixat.

–Es tracta del meu avi –aclarí Daniel–. Ha estat un poc grosser.

–Oh! –la senyora Pirelli va posar els ulls en blanc–. Doncs, passa a veure si aconsegueixes animar-lo.

Daniel va pujar les escales i colpejà la porta de Matt.

–Què? –digué la veu enfurrunyada de Matt.

–Sóc jo, Daniel. Puc passar?

–Sí.

Mat estava assegut en terra, enmig de l'habitació, voltat dels trastos que haurien d'haver estat a la nau espacial *Danmatt 1*. Semblava bastant afectat.

Daniel es va ajupir al seu costat i agafà el pot de pintura platejada.

–De color plata hauria quedat fantàstica –digué.

Matt assentí amb el cap.

–«Hauria». Podríem haver-la usat en prestatgeries, cascos, pots i en tots els materials.

–Lamente l'incident amb el meu avi –digué Daniel–. Però, pel que es veu, he de viure amb ell per a sempre. Imagina el que m'espera.

–No puc imaginar-m'ho. És massa terrible –Matt féu un somriure de circumstàncies–. He de dir-te que he estat ací assegut, pensant, i he tingut una idea; li l'he consultada a mon pare i m'ha dit que endavant.

–Quina idea?

–Una tenda de campanya –digué Matt–. Podríem posar tot aquest material en una tenda de campanya, pintar-ho tot de plata i semblaria tan perfecte com l'hivernacle. Què n'opines?

–Magnífic! –exclamà Daniel.

Els dos amics s'assegueren i parlaren de la nova nau espacial durant bastant de temps, fins que tots dos es trobaren molt millor que una hora abans. Però no va ser fins que Daniel pensà que ja era hora de tornar amb Lorna i Molly que recordà per què hi havia anat. Així, li va contar a Matt la desaparició de Stanley i els horribles remors de les plantes.

–Sé que el meu avi té alguna cosa a veure en la desaparició de Stanley –digué–. Ell ha admés que detesta els gossos, i el collar de Stanley estava tot rosegat i cobert d'una espècie de bava.

Matt semblava pensarós. Solia tenir idees brillants. Després d'uns moments, digué.

–Sé que serà difícil, però si simules semblar agradable amb el teu avi, ja saps, fingir que estàs de la seua part, potser podria dir-te alguna cosa sobre les plantes.

–Hmmm.

Ser amable amb l'avi no seria fàcil, però valia la pena intentar-ho.

–Ja et diré com em va –digué Daniel–. Gràcies pel consell.

–Que et vaja bé! Adéu! –va dir Matt mentre li desitjava sort amb el polze.

Quan Daniel tornà, la casa estava estranyament silenciosa. Va trobar l'avi en la cuina, menjant bescuits de xocolate.

–Creia que havies dit que no t'agradaven –va dir Daniel, oblidant el consell de Matt.

–Me'ls menge només per complaure Lorna –digué l'ancià amb cara de rondinaire.

–Ah! On està Lorna?

–Se n'ha anat a casa –digué l'avi–. Però abans d'anar-se'n, li he dit que em menjaria uns bescuits.

Daniel estava molt sorprés.

–I Molly?

–Ella passa de la pobreta Molly –sospirà l'avi–. Les joves d'avui en dia... No sé. De l'únic que parlava era d'aquell gos llandós, un gos brut massa tafaner –va dir eructant i omplint-se la boca amb l'últim bescuit–. Jo he estat tenint compte de Molly.

Aquesta vegada, més que sorprés, Daniel sospitava del tot.

–Tu? –Daniel va pujar corrent a l'habitació de Molly i va fer una ullada al bressol. La xiqueta jeia sobre l'esquena, profundament adormida. Un filet d'un líquid obscur li queia des de la comissura dels llavis, per la seua galta, fins al coixí. Daniel baixà volant a la cuina.

–Què li has donat a la xiqueta? –cridà–. Li ix una cosa horrible de la boca. Sembla la mateixa substància amb què et vaig veure alimentant les plantes.

–Tranquil, Dani! –digué l'avi–. Li he donat un no res de xocolate per a tenir-la contenta. Vols que et prepare alguna cosa per a menjar?

–Em pensava que no sabies cuinar –digué Daniel massa ràpidament. Per què, de sobte, l'ancià semblava tan amable? Recordà el consell de Matt i, després d'una forta lluita amb ell mateix, encertà a dir:

–Gràcies de totes maneres, però no tinc gana.

Molly encara dormia quan el senyor i la senyora Lloyd arribaren a casa. Allò era bastant desconcertant, però no tant com l'absència de Lorna.

–No puc creure que se n'haja anat d'aquesta manera –digué la senyora Lloyd–. Gràcies a Déu que l'avi estava ací. Us hauria pogut passar qualsevol cosa a Molly o a tu.

–No li pagaré el dia complet de cangur. Ho tinc molt clar –digué el senyor Lloyd–. Em va prometre que es quedaria fins que tornàrem.

–La tia ha perdut Stanley –els contà Daniel–. Estava realment preocupada perquè vaig trobar el collar del gos a l'hivernacle i estava tot rosegat.

L'avi féu a Daniel una mirada desagradable.

–Gossos –va murmurejar–. Una pesta, això és el que són.

El timbre de la porta va sonar i la senyora Lloyd digué:

–Deu ser Lorna. Espere que haja eixit un segon a fer alguna compra ràpida.

Daniel anà a obrir. No era Lorna, sinó el seu xicot, Eric, que estava fet un manat de nervis.

–On està Lorna? He estat telefonant al seu mòbil durant molt de temps, però no contesta. Em digué que estaria ací.

–Crec que se n'ha anat a casa –digué Daniel.

–No –digué Eric–. Acabe d'estar allí i no hi ha ningú.

–Ah! –Una imatge terrorífica acudí sobtadament al cap de Daniel. En la seua imaginació, va veure un muntonet de roba de Lorna en un penya-segat. Enganxada a la roba amb una agulla, hi havia una nota que deia així: «Adéu. No puc viure sense Stanley».

Era evident que Daniel no podia contar a Eric les imatges que acabava de contemplar en la seua fantasia. A Eric se li hauria partit el cor en dos trossos. Un, perquè Lorna ja no estava. I dos, perquè la seua xicota havia estimat més un gos que no a ell.

Refent-se dels seus pensaments, Daniel invità Eric a una tassa de te.

4

Les sabates de Lorna

Va ser l'avi qui, finalment, aportà un poc de llum al misteri de la desaparició de Lorna. El senyor i la senyora Lloyd, Eric, l'avi i Daniel s'havien assegut al voltant de la taula de la cuina. Molly seguia dormint un son estranyament profund.

Eric va beure un glop del seu te. A cada moment que passava, semblava més neguitós. Aleshores, fent un gran sospir, l'avi digué:

–Deteste haver de ser jo, qui done la mala notícia.

Tothom deixà les tasses de te i es quedaren mirant l'avi, expectants.

El vell es va gratar el tos, després les orelles i el nas, va eructar dissimuladament i soltà:

–Hi ha un altre home, Eric.

–Què? –els ulls d'Eric estigueren a punt d'eixir-li de les òrbites–. No m'ho puc creure.

–Ho lamente –digué l'avi–. Però no vaig poder evitar sentir-ho. Lorna li deu haver telefonat, almenys, tres vegades. «Oh, Bruce», va estar repetint. «T'estime tant.» –l'avi va adoptar una veu que suposadament hauria de sonar com si fóra la de Lorna, però que, en realitat, se semblava més als lladrucs de Stanley.

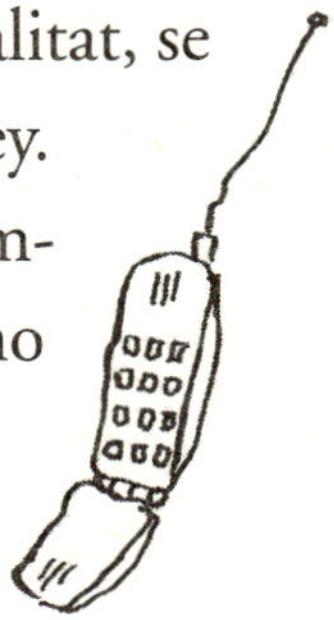

–Quin Bruce? –Eric es posà dempeus, bolcant la tassa de te–. Mai no he sentit parlar del tal Bruce.

–I jo què sé? –gemegà l'avi–. Ella li digué: «D'ací a cinc minuts ens veurem al cantó». I tot seguit, se'n va anar.

Eric se'n va anar plorant mentre deia:

–I què faré ara? Què serà de mi? No puc viure sense Lorna.

Quan Eric se n'hagué anat donant un colp de porta, l'avi comentà:

–Un jove massa fluix. Sense coratge.

–Per què no ens havies dit res del tal Bruce? –preguntà la senyora Lloyd.

–Perquè creia que no era assumpte meu –respongué l'avi. I tot seguit va eixir aïradament al jardí, com si estiguera ofés.

A Daniel li va resultar impossible conciliar el son aquella nit. No creia ni una sola paraula del que havia dit el seu avi. Tot eren mentides, absolutament tot. No existia el tal Bruce. Lorna mai no havia abandonat la casa. Ella no ho faria. Però, on estava? I on estava Stanley? Demà tractaria de posar en marxa una altra vegada el pla de Matt. Començaria mostrant-se simpàtic al seu avi. Però això resultaria difícil. Molt difícil.

A la mitjanit, Molly es despertà bramant i Daniel, en el fons, s'alegrà de sentir els crits del bebé. Havia tingut la terrible sospita que l'avi li havia donat alguna cosa que l'adormira per a sempre.

–No sé què donares ahir a Molly per a menjar, però... –digué la senyora Lloyd l'endemà, durant el desdejuni–, ...té una gana extraordinària.

–Només un poquet de xocolate –contestà innocentment l'avi.

–Ai, pare, saps massa bé que no hauries de...

La senyora Lloyd no pogué continuar. La va interrompre un fort soroll procedent del jardí.

CRAC! PLAM! CLATAPLAM!

–Què dimonis...? –el senyor Lloyd corregué cap a la finestra que donava al jardí–. Jesús de l'Hort! –exclamà.

Tothom va acudir al costat del senyor Lloyd i va mirar al jardí. Un espectacle increïble va sobtar els seus ulls. Una planta, en créixer desmesuradament, havia esclafit el sostre del l'hivernacle. Hi havia trossos de vidre escampats pertot, mentre que una tija imponent amb les fulles carnoses es balancejava sense control sobre la coberta.

–Oh! Senyor! És la Devoracossos –l'avi va obrir la porta i arrancà a córrer cap a l'hivernacle.

Daniel va picar sola darrere d'ell.

–Compte amb aquell vidre! –cridà la senyora Lloyd–. Caldrà netejar-ho.

L'avi obrí la porta i entrà a l'hivernacle. Daniel el va seguir ben a prop.

–Oh, estimada meua! El meu bé! Tresor meu! Has pres massa proteïna? –el vell corregué cap al fons on les arrels d'una planta descomunal pareixia que anaven a rebentar el cossiol. La tija havia engrossit almenys deu centímetres.

–Quina paraula has dit abans, avi? –va preguntar Daniel–. Devora... què?

El seu avi mirà cap avall com si s'acabara d'adonar de la presència del xiquet.

–Devoracossos –va dir–. Aquest és el seu nom.

–Curiós. Qui l'ha anomenada així? –preguntà Daniel en veu baixa.

–Jo. Jo la vaig crear –va dir el seu avi visiblement satisfet–. No és com cap de les altres plantes. És especial. S'alimenta de...

–...de què? –preguntà Daniel–. Què menja? Cossos? –tornà a preguntar fent una rialleta–. Perdona, era una broma.

L'avi es gratà la barba com si mesurara Dani, com si estiguera pensant a confiar-li un secret. Però no va dir res. Es disposà a agranar els vidres trencats i la terra que hi havia escampada.

–Jo portaré una granera i un arreplegador –proposà Daniel.

–La planta necessita un reforç –digué el seu avi–. Mira, ho veus? És massa alta per a sostenir-se per ella mateixa. Per a la seua grandària.

–Per què ha crescut tan ràpidament?

–Tal com ho vaig dir –murmurà el vell–. Massa proteïna. Ha menjat de valent.

Daniel es trobava un poc marejat, però era conscient que havia de continuar aparentant ser amable amb el seu avi.

–Podries usar el pal que sosté el fil d'estendre la bugada –va suggerir–. Podria sostenir la teua... Devoracossos.

L'avi li llançà una mirada.

–Saps, gripau? No ets tan estúpid com pareixes.

Daniel no estava segur si allò era una adulació o no. Va anar a buscar l'arreplegador i la granera, mentre el seu avi anà a demanar a la senyora Lloyd que li deixara el pal del fil d'estendre.

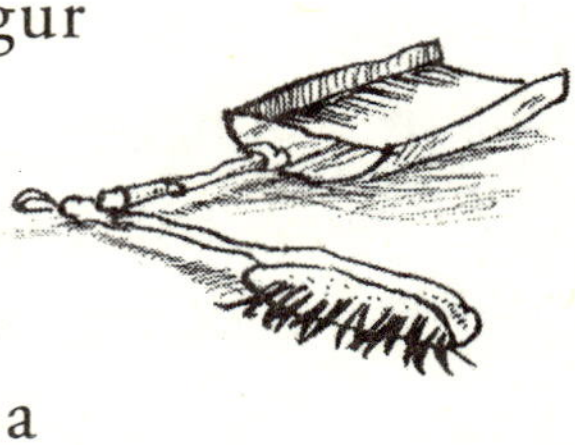

Després que haguera perdut part de la coberta, hi havia més llum en l'hivernacle i l'aire no estava tan carregat ni era tan pudent. Les plantes enfiladisses, que es caragolaven pels vidres superiors, queien penjant pels costats.

Daniel s'agenollà sobre el terra apegalós i començà a agranar els vidres. No era exactament la tasca que hauria triat per al matí d'un diumenge, però estava caient-li bé al seu avi. Tal vegada l'home confiaria en ell prou per a contar-li el que, realment, havia passat amb Lorna i amb Stanley. I amb l'àvia, és clar.

Estava pensant en la seua àvia, quan una veu li murmurà a l'orella: «Tapa't, Daniel!» Era la seua imaginació? El xiuxiueig va començar de nou. Un cor sinistre de murmuris i cruixits l'havia envoltat de sobte. D'alguna part del fons de l'hivernacle venia el grinyol llunyà d'un gos, i a continuació, més clarament, el timbre d'un telèfon mòbil.

–Me'n vaig fora d'ací –murmurà Daniel.

Però, aleshores, va descobrir la sabata. Dues sabates. Dues sandàlies roges amb tacons ben alts. Estaven tirades, darrere del cossiol enorme on creixia la Devoracossos.

Amb dits tremolosos, Daniel les va traure. Una substància espessa i apegalosa penjava de les tires.

–Què tens aquí, gripau? –va dir una veu al seu darrere.

Daniel quasi es mor de l'ensurt. No havia sentit acostar-se les passes de l'avi.

–Són les sabates de la tia Lorna –va dir Daniel amb una veu tremolosa–. Com... com han arribat fins ací?

–Cuir! –exclamà l'avi.

–Què?

–Cuir. Tu en diries pell. No li agrada la pell.

–A qui no li agrada la pell? –preguntà Daniel, completament desconcertat i bastant aterrit.

–A la Devoracossos! –contestà l'avi.

5
La baralla

–Mira! –Daniel mostrava les sandàlies roges–. Són les de la tia Lorna!

–Déu sagrat! –a la senyora Lloyd quasi li cau la Molly dels braços–. Per què les devia haver deixades en l'hivernacle? I... què és aquesta substància que tenen per damunt?

–Mmmmm –balbucejà Molly, allargant una mà.

Daniel no volia ni pensar com devien haver arribat a l'hivernacle les sabates de Lorna, ni com havien quedat amagades darrere de la Devoracossos. Ell només les havia agafades i havia fugit del seu avi tan ràpidament com les cames li ho havien permés. Volia fer alguna cosa per Lorna abans que el seu avi començara una altra vegada a inventar-se històries.

–Crec que hauries de contar-ho a la policia –digué Daniel a la seua mare–. Han segrestat la tia Lorna, o li ha passat alguna cosa.

–No, en absolut, Daniel. Ja sentires l'avi. Se'n va anar a veure el seu nou amic. Encara que... per què es degué llevar les sabates? No m'ho explique.

–L'avi està dient mentides! –va cridar Daniel.

–Daniel! No vull tornar sentir-te dir això! Es tracta del teu avi! El meu pare! Ell no diu mentides!

La senyora Lloyd estava tan agitada que abandonà Molly creient que la deixava sobre una cadira.

–Uau! –cridà la xiqueta, agafant-se a la vora de la taula.

La idea que a vegades Molly rebia un tracte tosc va creuar el pensament de Daniel. Però hi havia altres assumptes més urgents que el tenien ocupat de moment.

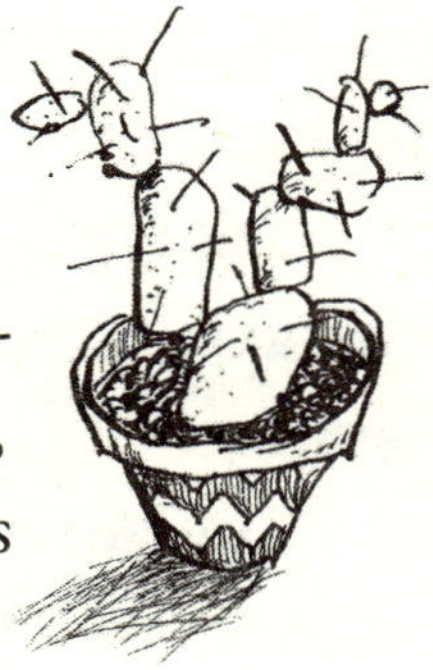

–Què passa amb Stanley? –preguntà el xiquet.

–Què vols que et diga? –La senyora Lloyd, impacient, començà a picar de peus–. Francament, Daniel, ja tinc prou maldecaps sense haver de preocupar-me buscant un estúpid gos roder. Molly està menjant-se tot el que veu. Aquest matí s'ha empassat el meu cactus preferit. Imagina-t'ho!

Daniel preferí no imaginar-s'ho. El tal cactus era tan gran com la seua mà i estava cobert de pues pertot.

–Ei! Ei! –va dir l'avi guaitant el cap per la porta del jardí–. Què és açò? Una petita discussió?

Daniel es va girar ràpidament, sostenint encara les sandàlies roges.

–Ah! Ja veig que has estat preocupant la teua mare amb les sabates de Lorna –l'avi havia entrat trontollant per la porta–. Bé, no hi ha per què inquietar-se. La tia portava unes còmodes sabates esportives quan se n'anà a trobar-se amb el nou amic. Supose que volia córrer, i ningú pot fer-ho amb sabates de tacó alt, veritat? –va dir, ofegant una rialla entre dents.

–Veus?! –exclamà la senyora Lloyd–. Estava segura que hi havia una explicació perfectament lògica.

Daniel deixà caure les sandàlies i ho deixà córrer. Havia decidit desaparéixer durant una estona. Si el seu avi anava a escapar-se a força de contar mentides, era inútil discutir.

Aquella vesprada es desencadenà una forta tempesta. El vent bramava a través dels arbres i feia tremolar portes i finestres. La colossal Devoracossos, lligada al pal, se sacsejava sobre l'hivernacle com un gegant enutjat. El seus braços llargs colpejaven els vidres i encara en feren caure alguns més. La pluja es colava a través del sostre i xopava les plantes que hi havia a l'interior.

L'avi seia en la cuina, gratant-se la barba. De tant en tant, mirava cap al jardí i feia que no amb el cap.

–Jo no sabia que s'arribaria a açò –murmurà.

Daniel, de camí a agafar una barra de Mars, parà l'orella.

–Arribar a què, avi? –va dir amb un to amable, recordant el consell de Matt.

–No em pensava que creixeria tan ràpidament, saps? I està enfadada, ja ho veus. Molt enfadada. No suporta el fred i està tan furiosa que no es prendrà la poció que he preparat per a tranquil·litzar-la.

–Per què penses que ha crescut tan ràpidament? –Daniel intentava aparentar un cert desinterés. Va seure a la taula i va desembolicar la barra de Mars.

L'avi se'l quedà mirant amb els ulls mig tancats. Colpejava els dits sobre la taula i va dir alguna cosa entre murmuris. Daniel va mastegar la barra de Mars, fingint no mostrar massa interés en allò que l'home havia de dir.

Al mateix temps que una violenta ràfega de vent estampava l'arruixadora contra la paret, l'avi mussità:

–És una carnívora.

–Una carnívora? –Daniel sabia molt bé què era una carnívora, però volia assegurar-se que ho havia sentit correctament.

–Una menjadora de carn –va recalcar l'avi.

–La Devoracossos?

L'home va assentir.

–Sí. I alguna de les altres, també.

–Com arribaren a això?

L'avi s'escurà la gola, i Daniel tingué la sensació que ser amable havia valgut la pena. El seu avi li anava a desvelar alguna cosa.

–Es fa un poc avorrit quan et jubiles –digué l'home–. Pots anar al pub, riure de tant en tant, mirar la televisió, segar la gespa... Però no era suficient per a mi. A mi m'agrada l'activitat, així que vaig començar a interessar-me pel jardí. I aleshores vaig aconseguir aquestes plantes originàries de la jungla. Les vaig encomanar per Internet –va mirar cap a fora, a la Devoracossos, i va continuar pensarós–. Els encantaven les mosques.

Daniel esperava expectant, però l'avi semblava haver fet una aturada i Daniel no gosava dir una paraula per a no trencar-li el discurs.

De sobte, l'avi semblà espavilar-se i digué solemnement:

–Així és com va començar. Després, vaig fer encreuaments de pol·len i vaig criar plantes més grans. Les vaig empeltar, les vaig alimentar i consolar. I fins i tot, els vaig llegir contes per a dormir. Els agradava, especialment, *En Pere i la Fesolera*. La teua àvia s'emprenyava moltíssim. Saps? Crec que n'estava gelosa.

–D'una planta? –Daniel no va poder evitar la pregunta.

–Sí, Daniel. Estava gelosa de les meues plantes; deia que passava massa temps amb elles. En aquells dies, ja els donava ratolins tres vegades per setmana. Les botigues d'animals domèstics es quedaren sense existències. Així que, vaig haver de pensar en alguna cosa més. I vaig provar amb filets crus, llonganisses, pollastre, xulles de corder,

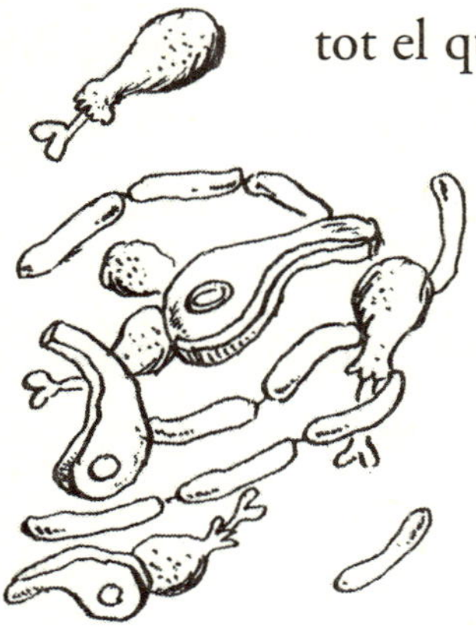

tot el que un carnisser pot oferir... Però, saps una cosa? –va ventar.

–No –digué Daniel amb la veu mig nuada.

–La Devoracossos m'ho retornava tot grollerament.

–Fins i tot les llonganisses?

Daniel estava tan intrigat que no s'havia parat a pensar com una planta podia retornar alguna cosa i, encara menys, menjar-s'ho.

–Fins i tot les llonganisses. Les altres no eren tan exigents. Només la Devoracossos. La meua favorita. Saps? Ella prefereix les coses que estan vives. Per desgràcia, la teua àvia no era molt compassiva. I va dir que havien de desaparéixer, que feien pudor. I jo et pregunte: No fan tanta pudor com feia aquella vella bruixa, veritat?

Daniel estava astorat. Sempre havia suposat que els seus avis s'estimaven l'un a l'altre, no apassionadament, és clar, però sí d'una manera entranyable i afectuosa.

–L'àvia no era una bruixa –va murmurejar–. Era una velleta encantadora.

–Ha! –replicà l'avi descarregant el seu puny damunt la taula–. Tu sents campanes i no saps d'on.

A hores d'ara, Daniel tenia una sensació horrible a l'estómac. Volia preguntar més, però l'aterrava el que l'avi poguera contar-li.

Per sort, el senyor Lloyd va fer una aparició teatral, brandint unes tisores de podar.

–Hauràs de podar aquella planta –digué a l'avi–. És massa gran per a l'hivernacle.

–Podar la... tallar la meua... –l'avi es va posar blanc–. Podar la meua... –deia, tartamudejant.

–La teua planta. La gran. Mira-la! Agitant-se al voltant del pal. Esclafarà tot l'hivernacle. I, a més a més, volem que ens tornes el pal.

–No se la pot podar!

L'avi es posà dempeus, fregant-se nerviosament les mans plenes de brutícia.

–Tornarà a créixer –assegurà el senyor Lloyd–. Només necessita una poda lleugera.

–Tornaries tu a créixer, si et tallaren el cap? –va inquirir l'avi.

–No sigues ridícul! –exclamà el senyor Lloyd–. Que no es tracta de Maria, la reina dels escocesos. Les plantes no són éssers humans, i no podem reparar la teulada amb aquesta cosa eixint pel sostre.

–No podrà menjar si no té un cap! –cridà l'avi.

–Prou de bajanades, avi! –exclamà el senyor Lloyd, obrint la porta del jardí–. Jo ho faré si tu no vols.

–Per damunt del meu cadàver!

Amb una habilitat i agilitat admirables, l'avi saltà davant del senyor Lloyd. Les seues manasses es convertiren en dos punys tibants i ossuts. I començà a arremetre dreta, esquerra, dreta, esquerra.

El senyor Lloyd mirava atònit el seu sogre. No sabia què fer. Desafortunadament, va elegir l'opció incorrecta: va fer una passa endavant.

Nyas! El iaio ventà una colp de puny a l'ull del seu gendre.

–Au! –va exclamar el senyor Lloyd trontollant cap arrere i deixant caure les tisores de podar.

–T'has endut un ensurt, eh? –cridà l'avi eufòric, fent botets al voltant del senyor Lloyd–. No estem tan pagats de nosaltres mateixos, veritat?

Agafant-se amb una mà l'ull contusionat, el senyor Lloyd tancà l'altra i l'avançà cap a l'avi.

En aquest punt, Daniel es preguntà si havia de posar-se enmig dels dos contendents, però s'ho va pensar millor. Tots dos eren bastant més grans que ell i, a més, estava interessat a conéixer el resultat de la baralla. El pare era més jove, però, estava més en forma?

Croc! El senyor Lloyd envià un ganxo al mentó de l'ancià.

Nyas! L'avi anà per l'altre ull del senyor Lloyd.

I allò ja va ser massa per al senyor Lloyd. Amb un grunyit sanguinari, prengué una paella i colpejà fortament el cap del seu sogre.

–Aiii! –soltà l'home i es desplomà com un sac.

–Ben fet, pare! –exclamà Daniel.

Pare i fill miraren fixament l'home estés en el terra de la cuina.

–I ara què faràs, pare? –preguntà Daniel.

–Vaig a podar aquella planta –digué decidit el senyor Lloyd.

6
La revenja de la Devoracossos

–I aleshores, què va passar ahir? –preguntà Matt.

–És una llarga història –començà Daniel–. La meua tia Lorna i el seu gosset desaparegueren, i mon pare i l'avi es barallaren.

–Fiuuu! –xiulà Matt.

Els dos xiquets s'ho havien enginyat per a parlar cinc minuts tot sols durant l'esplai.

–Mon pare va guanyar. Va deixar KO l'avi. Quan es va recuperar, semblava diferent, un poc esglaiat i callat.

–Així que no és el tallacordes que es pensa que és. Li vas traure més informació?

–Sí –digué Daniel severament–, i jo crec que..., sé que és difícil de creure, però... jo crec –Daniel va fer una pausa–. Estic convençut que una de les seues plantes s'ha menjat la meua tia i el seu gos.

Matt es quedà bocabadat.

–Estàs de broma!

–En absolut –negà Daniel amb el cap.

Aleshores començà a contar a Matt tota la història de la Devoracossos i la forma tan fastigosa que tenia d'alimentar-se.

–Però, no pot menjar-se una persona! –va al·legar Matt–. Les persones són massa grans i, a més a més, necessitaria tenir boca i dents.

–Jo crec que ho té, tot això, en algun lloc –assegurà Daniel–. I ja és tan gran com una persona. Hauries de veure-la. S'ha obert camí trencant el sostre de l'hivernacle. Mon pare estava decidit a tallar-li el cap, però la mare li demanà que no ho fera perquè això emprenyaria moltíssim l'avi. Així que, agafà una escala, en va podar alguna de les fulles i, finalment, tornà a introduir el cap de la planta dins de l'hivernacle. Ara té un aspecte horrible.

Daniel s'estremia cada vegada que recordava la cabota de la planta penjant d'aquella tija tan robusta.

–Ja m'agradaria poder veure-la.

–Vine després de berenar –va proposar Daniel.

Matt semblava indecís.

–El teu avi encara es manté... ja saps, tranquil·let. Creus que no tornarà a enfadar-se tant?

–No ho crec. No l'he vist aquest matí. Però, sempre pots tornar-te'n a casa, si es posa insuportable.

–D'acord.

En aquell moment, va sonar el timbre i tornaren corrent a la classe.

Quan Daniel arribà a casa aquella vesprada, l'avi havia eixit.

–Estarà fora durant molta estona? –preguntà Daniel, esperançat.

–Déu sap! –va respondre la senyora Lloyd–. Hui està molt desanimat. M'ha dit que se n'anava al parc, a veure si s'alegrava un poc.

–Al parc? –s'estranyà Daniel, que no comprenia què podria haver d'alegre en el parc en un dia tan gris i plujós com aquell.

–Sigues bon xic i tingues compte de Molly, d'acord? –li va demanar sa mare, posant-se l'impermeable–. He d'eixir un moment a la botiga a comprar alguna cosa per a berenar. No tardaré ni un segon.

–Però, si tu sempre passes hores i hores a les botigues –es va queixar Daniel–. I, a més a més, vas dir que era massa menut per a fer de cangur.

–Mira, Daniel, açò no és fer de cangur. Són només cinc minuts de tenir els ulls oberts. El teu pare tornarà prompte i vull comprar pastís de fruita.

La senyora Lloyd va eixir volant abans que Daniel poguera dir res més.

Va trobar Molly en el terra de la cuina, jugant amb el seu osset blau. Daniel s'uní al joc. Va alçar una paret amb els cubs al votant de l'osset, però va quedar reduïda a un muntonet quan Molly intentà ajudar-lo.

–Fff-aaa-mmm! –digué.

Daniel es preguntà si havia de donar-li alguna cosa per a menjar.

Estava obrint la porta de la nevera quan l'avi va entrar bambolejant-se, amb un gran sac de plàstic. El sac presentava bonys d'alguna cosa que semblava moure's.

–Més aliment per a les plantes? –preguntà Daniel.

–Sip –va dir l'avi asseient-se i respirant fatigosament. Tenia la cara vermella i pels costats de les seues galtes sense afaitar discorrien gotetes de suor–. Uf! He fet un poc d'exercici –va dir donant-se uns colpets sobre el cor–. El vell coret ja no és el que era.

–Vols beure un poc d'aigua? –preguntà Daniel. L'home semblava com si acabara de córrer una marató.

–Nop –l'avi és posà dret balancejant-se–. He d'alimentar la planta o ho pagarem car –agafà el sac i, arrossegant-lo, travessà la porta del jardí–. Des que el teu pare li va podar les fulles, està feta una fúria.

Daniel va trobar un iogurt de maduixa en la nevera, tirà de la tapa i li'l donà a Molly.

–Nyam!! –digué la xiqueta, clavant-hi el nas.

–No et mogues, Molly –li va manar. Se sentia un poc culpable d'abandonar-la quan va obrir la porta i va eixir al jardí. Però Molly semblava bastant segura, empassant-se el iogurt i donant de menjar a l'osset blau. Ell havia d'esbrinar com s'alimentava la Devoracossos.

Daniel creuà corrent el jardí. L'avi ja havia desaparegut. La saca de plàstic havia quedat fora de l'hivernacle. Quan Daniel s'hi acostà, va sentir un lladruc. Sonava igual que el de Stanley. Si el gosset havia tornat, potser la tia Lorna també tornaria. Cregué sentir una veu. Era de la tia Lorna? Tanmateix, no tingué cap dubte sobre la veu que sentí a continuació: «Tapa't, Dani!». Era la de la seua àvia!

Daniel arribà a l'hivernacle i observà l'interior.

L'avi mirava fixament cap a dalt la Devoracossos. El seu coll, llarg i gros, apareixia pelat i blanc, tret de la viscositat rosàcia que brollava pels talls de les fulles que li havien amputat. El cap de la planta era com una tulipa gegant amb quatre pètals rojos ben doblegats. Penjava damunt del vell, balancejant-se suaument al vent. Però no feia vent. El senyor Lloyd havia tapat l'obertura del sostre amb una ampla tira d'arpillera. El cap de la planta es movia pel seu propi impuls...

–Ho lamente –digué l'avi–. No he sigut jo. He tractat d'impedir-ho. Et fa mal, amor meu?

–Haaa!

Un so terrible, semblant a un xiulit, va eixir del cap de la Devoracossos. Les puntes dels pètals es replegaren i algunes gotes de líquid caigueren sobre el cap de l'home.

–Ai! –exclamà, retrocedint.

I va ser aleshores quan Daniel li va veure les dents. Els grans pètals rojos es retiraren com el musell d'un llop amenaçador i, allà dins, veié dues files de dents llargues, com les d'una serra. Mentre l'horrible boca descendia, anava obrint-se cada vegada més. Obrint-se més i més per moments. L'avi es va quedar dret, immòbil.

La resta de les plantes començaren a murmurar i remugar. Se sentí l'eco llunyà d'algunes veus a través del fullam. Crits! Udols! Cants d'ocells!

Daniel va sentir un crit dins d'ell que no va poder expressar.

–Perdona'm –continuava murmurant l'avi.

Però la Devoracossos no perdonaria. L'enorme boca enxampà el cap del pobre vell i, abans que Daniel poguera moure's, havia enlairat l'avi per complet. Durant un breu moment, el seu cos es va balancejar en l'aire i, després, desaparegué, xuclat per unes mandíbules enormes i roges.

Quan Daniel encara estava allí, massa aterrit per a moure's o parlar, l'enorme tija de la Devoracossos es va desplomar sobre el terra. La planta s'estavellà contra el sòl retorcent el cap i, de sobte, va escopir les sabates de l'avi, que quedaren als peus del xiquet, en un bassal de baves verdes.

–Aaah! –cridà Daniel, saltant cap arrere i anant a caure damunt del sac verd. El sac es decantà sobre un costat i, en obrir-se, aparegué una horda d'esquirols que eixiren botant. Pocs segons després, n'hi havia a centenars saltant pel jardí,

alguns corrent cap als arbres, altres saltant per la tanca; però tots feliços per recobrar la llibertat i perquè deixaven de ser aliment per a plantes.

Entropessant amb tota aquella massa peluda que no deixava de botar, Daniel es va dirigir a la tanca.

–Auxili! –va cridar–. Un assassinat! Auxili!

Daniel corregué a casa de Matt i picà el timbre amb insistència. La senyora Pirelli va obrir la porta.

–Què passa? –digué estranyada–. Estem berenant.

–Una planta s'ha menjat el meu avi! –cridà.

–No sigues fava, Daniel –comminà la senyora Pirelli–. Passa i pren un tros de pastís.

Ella se'n tornà i Daniel la va seguir a la cuina.

–És veritat! –tornà a dir–. El pare i la mare estan fora. I no sé què fer.

–Daniel diu que una planta s'ha menjat el seu avi –contà la senyora Pirelli a Matt–. Espere que siga un alienígena –va riure entre dents.

–No és per a riure, mare!

Matt saltà de la taula amb els ulls espantats.

–Vols que m'hi acoste?

Daniel afirmà amb el cap, sense parlar.

–No t'has acabat el berenar –renegà la senyora Pirelli.

–Açò és molt urgent, mare!

Els xiquets eixiren corrent al carrer.

–Espera un segon –digué Matt–. Conta'm exactament què ha passat.

Daniel va contar fil per randa la terrible història des del moment en què l'avi aparegué amb el sac ple d'esquirols, fins que la Devoracossos va escopir les seues sabates.

–Se n'ha anat per a sempre, doncs –digué Matt.

Daniel arronsà els muscles.

–Supose que sí. Però aleshores, també se n'han anat Lorna, Stanley i... estic segur que l'àvia està en algun lloc de l'interior. Dins de la planta, vull dir.

–Ningú et creurà –assegurà Matt.

–No –va coincidir Daniel–. Però sempre tindrem les sabates i el collar del gos. I això, d'alguna manera, són proves, veritat?

–D'alguna manera. Anem a veure-ho.

En el moment que tancava la porta del jardí, Daniel va recordar que se suposava que havia d'estar fent de cangur. Una cosa havia cridat la seua atenció. Es tractava de l'osset de Molly, abandonat a la porta de l'hivernacle.

Daniel va mirar Matt i exclamà.

–La meua germaneta!

I tot seguit va creuar el jardí com un coet, cridant:

–Molly! Molly! Ix de seguida! Molly!

A Molly no se l'havien menjada. Molly estava bé. Havia tingut un banquet. Es va dirigir a Daniel balancejant-se sobre les seues cametes rabassudes.

–Molly! Pots caminar! –va cridar Daniel alleugerit, mentre les llàgrimes li brollaven pels ulls–. Ets un bebé molt llest!

Duia ben agafats dos pètals rojos i un manat de fulles obscures. Daniel va observar que estava mastegant alguna cosa pàl·lida i viscosa. A la barba, hi tenia rastres d'una substància verdosa i aigualida.

Molly somrigué a Daniel.

–Hola, amor meu! –digué Molly amb una veu que no era la seua.

Daniel es quedà fet de pedra. Es fixà en els pètals rojos, les fulles obscures, el regalim verdosenc.

–Matt –confessà entre murmuris–. Crec que Molly s'ha menjat la Devoracossos.

–No podria. O sí? Com podria un bebé vèncer una planta gegant?

Molly va fer un singlot que, sospitosament, va sonar igual que el lladruc d'un gos i, tot seguit, el to d'una dona major que deia: «Tapa't, Dani. Tapa't».

Els dos xiquets contemplaren Molly horroritzats. I aleshores, Molly va fer una cosa que va provocar que fugiren d'ella cridant i bramant.

I és que, amb una veu fonda i grunyidora, Molly els amollà:

–De què teniu por, gripaus?

ÍNDEX